그림성경

하나님 천지창조

그림으로 보는 성경이야기

YB 영상복음

그림성경 하나님 천지창조

2022년 10월 10일 인쇄
2022년 10월 25일 발행

펴 낸 이 : 최 득 원
발 행 인 : 최 득 원
발 행 처 : 영상복음
서울시 종로구 사직로6길 16
등 록 : 제 851-32-00356호

사 무 실 : 04549 서울시 중구 을지로18길 12
전 화 : (02)730-7673 팩스 : (02)730-7675
휴 대 폰 : 010-3949-0209
디 자 인 : 오 세 창 saman89@hanmail.net
성구편찬 : 정 광 식 박사
감 수 : 김 나 환 박사
성화구상 : 김 완 모 박사
스 케 치 : 조 정 순 작가
성 화 : 전 혜 령 작가
편 집 : 손 애 경 기획

정가 : 12,000원
ISBN 978-89-94945-63-7 *03230

머 리 말

삼위일체 하나님을 찬양합니다!

하나님께서는 지혜로 지구의 기초를 놓으시며 명철로 하늘을 견고히 세우시며
만물을 창조하셨습니다. 동시에 세우신 통치원리와 제도(制度)와
자연법칙에 따라 하나님의 형상대로 창조하신 사람들이 에덴동산이
펼쳐진 행성 지구의 청지기로서 즐거이 제구실할 것을 바라셨습니다.

그러나 사람은 하나님께 불순종하였고 이내 죄에 빠졌습니다.
이러함에도 인류구원을 약속하시는 사랑과 공의의 하나님께서는
사람의 죄악이 관영(貫盈)함과 생각과 계획이 항상 악할 뿐임을 보시고
사람 지으셨음을 한탄, 근심하시며 전지구적 홍수로써
노아의 8식구를 제외한 전 인류와 지구를 멸(滅)하셨습니다.

홍수 이후 오늘에 이르도록 사람의 죄악은 더해가고 있습니다.
하나님께서는 2천여 년 전 독생자 예수님을 지구에 보내셨고,
우리의 주님께서는 십자가에 못박혀 죽으시고 사흘만에 부활하심으로
구원과 영생의 길을 마련하셨습니다.

하나님께서는 모든 사람이 구원을 받으며 진리를 아는 데에 이르기를 원하십니다.
우리 모두 주 예수님을 믿어 구원을 받읍시다. 그리고 우리 모두 전도하십시다.
우리 개개인의 구원자이시자 민족-국가-인류 공동체의 구세주되시며,
인류와 역사와 세계의 심판자이신 주님께서 다시 오실 날이 날로 다가옵니다.

주후 2022년 10월

김 완 모 드림

한국기원과학기술연구소

성경지질학

목 차

첫째 날 - 천지 창조

태초에 하나님이 천지를 창조하시니라
지구가 혼돈하고 공허하며 흑암이 깊음 위에 있고
하나님의 영은 수면 위에 운행하시니라
(창세기 1:1-2)

"빛이 있으라"

하나님이 이르시되 "빛이 있으라" 하시니 빛이 있었고
빛이 하나님이 보시기에 좋았더라 하나님이 빛과 어둠을 나누사
빛을 낮이라 부르시고 어둠을 밤이라 부르시니라
(창세기 1:3-5)

둘째 날 - 궁창 아래의 물과 궁창 위의 물

하나님이 이르시되 물 가운데에 궁창이 있어
물과 물로 나뉘라 하시고 궁창을 만드사
궁창 아래의 물과 궁창 위의 물로 나뉘게 하시니 그대로 되니라
하나님이 궁창을 하늘이라 부르시니라
(창세기 1:6-8)

셋째 날 - 뭍과 물을 모으심

하나님이 이르시되 천하의 물이 한 곳으로 모이고
뭍이 드러나라 하시니 그대로 되니라
하나님이 뭍을 땅이라 부르시고 모인 물을 바다라 부르시니
하나님이 보시기에 좋았더라
(창세기 1:9-10)

육상 식물들을 만드심

하나님이 이르시되 땅은 풀과 씨 맺는 채소와 각기 종류대로
씨 가진 열매 맺는 나무를 내라 하시니 그대로 되어
땅이 풀과 각기 종류대로 씨 맺는 채소와 각기 종류대로
씨 가진 열매 맺는 나무를 내니 하나님이 보시기에 좋았더라
(창세기 1:11-13)

넷째 날 - 두 큰 광명체와 별들을 만드심

하나님이 두 큰 광명체를 만드사 큰 광명체로 낮을 주관하게 하시고
작은 광명체로 밤을 주관하게 하시며 또 별들을 만드시고
하나님이 그것들을 하늘의 궁창에 두어 땅을 비추게 하시며
낮과 밤을 주관하게 하시고 빛과 어둠을 나뉘게 하시니

(창세기 1:14-19)

다섯째 날 – 바다 생물들과 새 종류들을 만드심

하나님이 이르시되 물들은 생물을 번성하게 하라
땅 위 하늘의 궁창에는 새가 날으라 하시고
하나님이 큰 바다 짐승들과 물에서 번성하여
움직이는 모든 생물을 그 종류대로
날개 있는 모든 새를 그 종류대로 창조하시니
하나님이 보시기에 좋았더라 (창세기 1:20-23)

여섯째 날 – 육상 동물들과 사람을 창조하심

하나님이 땅의 짐승을 그 종류대로 가축을 그 종류대로
땅에 기는 모든 것을 그 종류대로 만드시니
하나님이 자기 형상 곧 하나님의 형상대로 사람을 창조하시되
남자와 여자를 창조하시고 이르시되 생육하고 번성하여
땅에 충만하라 땅을 정복하라 바다의 물고기와 하늘의 새와
땅에 움직이는 모든 생물을 다스리라 하시니라
(창세기 1:24-31)

일곱째 날 – 안식

천지와 만물이
다 이루어지니라
하나님이 그가 하시던 일을
일곱째 날에 마치시니
그가 하시던 모든 일을 그치고
일곱째 날에 안식하시니라
하나님이 그 일곱째 날을 복되게 하사
거룩하게 하셨으니
(창세기 2:1-3)

그러나 사람은

선악을 알게 하는 나무의 열매는
먹지 말라 네가 먹는 날에는
반드시 죽으리라 하시니라
여자가 그 나무를 본즉 먹음직도 하고
보암직도 하고 지혜롭게 할 만큼
탐스럽기도 한 나무인지라
여자가 그 열매를 따먹고
자기와 함께 있는 남편에게도 주매
그도 먹은지라
(창세기 2:17, 3:1-6)

네가 어디 있느냐?

이에 그들의 눈이 밝아져 자기들이 벗은 줄을 알고
무화과나무 잎을 엮어 치마로 삼았더라
여호와 하나님의 낯을 피하여 동산 나무 사이에 숨은지라
여호와 하나님이 아담을 부르시며 이르시되 네가 어디 있느냐
이르되 하나님의 소리를 듣고
내가 벗었으므로 두려워하여 숨었나이다 (창세기 3:7-10)

가인과 아벨의 제사

가인은 땅의 소산으로 제물을 삼아 여호와께 드렸고
아벨은 자기도 양의 첫 새끼와 그 기름으로 드렸더니
여호와께서 아벨과 그의 제물은 받으셨으나
가인과 그의 제물은 받지 아니하신지라
가인이 몹시 분하여 안색이 변하니 (창세기 4:1-5)

죄악이 세상에 가득함

여호와께서 사람의 죄악이 세상에 가득함과 그의 마음으로 생각하는 모든 계획이 항상 악할 뿐임을 보시고 땅 위에 사람 지으셨음을 한탄하사 마음에 근심하시고 (창세기 6:1-6)

노아 홍수, 심판과 은혜

그러나 노아는 여호와께 은혜를 입었더라 하나님이 노아에게
이르시되 모든 혈육 있는 자의 포악함이 땅에 가득하므로
그 끝 날이 내 앞에 이르렀으니 내가 그들을 땅과 함께 멸하리라
노아가 육백 세 되던 해 둘째 달 곧 그 달 열이렛날이라 그 날에
큰 깊음의 샘들이 터지며 하늘의 창문들이 열려
(창세기 6:8-13, 7:11)

사십 주야를 비가 땅에 쏟아졌더라 물이 더 많아져 땅에 넘치매
방주가 물 위에 떠 다녔으며 땅 위에 움직이는 생물이 다 죽었으니
곧 새와 가축과 들짐승과 땅에 기는 모든 것과 모든 사람이라
오직 노아와 그와 함께 방주에 있던 자들만 남았더라
(창세기 7:12-23)

사람들의 교만, 바벨탑과 각 민족-국가로 흩어짐

또 말하되 자, 성읍과 탑을 건설하여 그 탑 꼭대기를 하늘에 닿게 하여
우리 이름을 내고 온 지면에 흩어짐을 면하자 하였더니
여호와께서 거기서 그들을 온 지면에 흩으셨으므로 그들이
그 도시를 건설하기를 그쳤더라 그러므로 그 이름을 바벨이라 하니
(창세기 11:1-9)

이들은 그 백성들의 족보에 따르면 노아 자손의 족속들이요
홍수 후에 이들에게서 그 땅의 백성들이 나뉘었더라 (창세기 10:32)

하나님이 부르신 아브라함

여호와께서 아브람에게 이르시되
너는 너의 고향과 친척과 아버지의 집을
떠나 내가 네게 보여 줄 땅으로 가라
내가 너로 큰 민족을 이루고
네게 복을 주어 네 이름을 창대하게 하리니
너는 복이 될지라
(창세기 12:1-4)

아브라함은 하나님께 이삭을 드림

아브라함이 그 곳에 제단을 쌓고
손을 내밀어 칼을 잡고 그 아들을 잡으려 하니
여호와의 사자가 이르시되
그 아이에게 네 손을 대지 말라
그에게 아무 일도 하지 말라
네가 네 아들 네 독자까지도
내게 아끼지 아니하였으니
내가 이제야 네가 하나님을
경외하는 줄을 아노라
(창세기 22:1-14)

형 에서가 장자의 명분을 팔다

에서가 야곱에게 이르되
내가 피곤하니 그 붉은 것을 내가 먹게 하라 한지라
야곱이 이르되 형의 장자의 명분을 오늘 내게 팔라
에서가 맹세하고 장자의 명분을 야곱에게 판지라

야곱이 떡과 팥죽을 에서에게 주매 에서가 먹고 마시고 일어나 갔으니
에서가 장자의 명분을 가볍게 여김이었더라 (창세기 25:27-34)

하나님이 야곱에게 복을 주심

하나님이 다시 야곱에게 나타나사 그에게 복을 주시고
그에게 이르시되 나는 전능한 하나님이라 생육하며 번성하라
한 백성과 백성들의 총회가 네게서 나오고 왕들이 네 허리에서 나오리라
야곱의 아들은 열둘이라 (창세기 35:1-15, 23)

이스라엘 자손이 학대를 받다

요셉을 알지 못하는 새 왕이 일어나 애굽을 다스리더니
감독들을 그들 위에 세우고 그들에게 무거운 짐을 지워
어려운 노동으로 그들의 생활을 괴롭게 하니 이르되
히브리 여인을 위하여 해산을 도울 때에 살펴서
아들이거든 죽이고 딸이거든 살려두라
(출애굽기 1:8-22)

모세가 태어나다

더 숨길 수 없게 되매 갈대 상자를 가져다가 아기를 거기 담아
나일강가 갈대 사이에 두고 멀리 섰더니 바로의 딸이 이르되
이 아기를 데려다가 나를 위하여 젖을 먹이라
그 아기가 자라매 바로의 딸에게로 데려가니
그가 그의 아들이되니라 그가 그의 이름을 모세라 하여
(출애굽기 2:1-10)

하나님께서 모세를 부르시다

여호와께서 이르시되 내가 애굽에 있는 내 백성의 고통을 분명히 보고
내가 내려가서 그들을 애굽인의 손에서 건져내고 그들을 그 땅에서
인도하여 아름답고 광대한 땅 젖과 꿀이 흐르는 땅에 데려가려 하노라
(출애굽기 3:1-14)

애굽 왕의 마음이 완악하여

여호와께서 모세에게 이르시기를 내가 이제 한 가지 재앙을 바로와
애굽에 내린 후에야 그가 너희를 여기서 내보내리라
밤중에 여호와께서 애굽 땅에서 바로의 장자로부터 옥에 갇힌 사람의
장자까지와 가축의 처음 난 것을 다 치시매 (출애굽기 7장-12장)

홍해를 건너다

모세가 바다 위로 손을 내밀매 여호와께서
큰 동풍이 밤새도록 바닷물을 물러가게 하시니
물이 갈라져 바다가 마른 땅이 된지라 이스라엘 자손이 바다 가운데를
육지로 걸어가고 물은 그들의 좌우에 벽이 되니 (출애굽기 14:15-22)

뒤따라오던 애굽의 군인들

애굽 사람들과 바로의 말들 병거들과 그 마병들이 다
그들의 뒤를 추격하여 바다 가운데로 들어오는지라
여호와께서 애굽 사람들을 바다 가운데 엎으시니 물이 다시 흘러
바로의 군대를 다 덮으니 하나도 남지 아니하였더라 (출애굽기 14:23-31)

시내산에서 십계명을 받다

여호와께서 시내 산 곧 그 산 꼭대기에 강림하시고
모세를 그리로 부르시니 모세가 올라가매
하나님이 이 모든 말씀으로 말씀하여 이르시되
(출애굽기 19:20, 20:1-17)

십 계 명

The Ten Commandments

하나님이 이 모든 말씀으로 말씀하여 이르시되, 나는 너를 애굽 땅,
종 되었던 집에서 인도하여 낸 네 하나님 여호와니라.

제일은, 너는 나 외에는 다른 신들을 네게 두지 말라.

제이는, 너를 위하여 새긴 우상을 만들지 말고,
또 위로 하늘에 있는 것이나, 아래로 땅에 있는 것이나,
땅 아래 물 속에 있는 것의 어떤 형상도 만들지 말며,
그것들에게 절하지 말며, 그것들을 섬기지 말라.

나 네 하나님 여호와는 질투하는 하나님인즉 나를 미워하는 자의 죄를 갚되,
아버지로부터 아들에게로 삼사 대까지 이르게 하거니와,
나를 사랑하고 내 계명을 지키는 자에게는 천 대까지 은혜를 베푸느니라.

제삼은, 너는 네 하나님 여호와의 이름을 망령되게
부르지 말라.

여호와는 그의 이름을 망령되게 부르는 자를 죄 없다 하지 아니하리라.

제사는, 안식일을 기억하여 거룩하게 지키라.

엿새 동안은 힘써 네 모든 일을 행할 것이나, 일곱째 날은 네 하나님
여호와의 안식일인즉, 너나 네 아들이나 네 딸이나, 네 남종이나,
네 여종이나, 네 가축이나, 네 문안에 머무는 객이라도
아무 일도 하지 말라. 이는 엿새 동안에 나 여호와가 하늘과 땅과
바다와 그 가운데 모든 것을 만들고 일곱째 날에 쉬었음이라.
그러므로 나 여호와가 안식일(安息日)을 복되게 하여,
그 날을 거룩하게 하였느니라.

제오는, 네 부모를 공경하라.

그리하면 네 하나님 여호와가 네게 준 땅에서 네 생명이 길리라.

제육은, 살인(殺人)하지 말라.

제칠은, 간음하지 말라.

제팔은, 도둑질하지 말라.

제구는, 네 이웃에 대하여 거짓 증거하지 말라.

제십은, 네 이웃의 집을 탐내지 말라.

네 이웃의 아내나, 그의 남종이나 그의 여종이나, 그의 소나
그의 나귀나, 무릇 네 이웃의 소유를 탐내지 말라.
(출애굽기 20:1-17)

예수께서 이르시되, 네 마음을 다하고 목숨을 다하고 뜻을 다하여
주 너의 하나님을 사랑하라 하셨으니,
이것이 크고 첫째 되는 계명이요.
둘째도 그와 같으니, 네 이웃을 네 자신 같이 사랑하라 하셨으니,
이 두 계명이 온 율법과 선지자의 강령이니라.
(마태복음 22:37-40)

너는 성막을 만들라

너는 산에서 보인 양식대로 성막을 세울지니라
내가 거기서 이스라엘 자손을 만나리니
내 영광으로 말미암아 회막이 거룩하게 될지라
그들은 내가 그들의 하나님 여호와로서 그들 중에 거하려고
그들을 애굽 땅에서 인도하여 낸 줄을 알리라
(출애굽기 25장-30장)

삼손이 블레셋을 치다

그 때에 블레셋 사람이 이스라엘을 다스린 까닭에
삼손이 틈을 타서 블레셋 사람을 치려 함이었으나
삼손이 나귀의 새 턱뼈를 보고 손을 내밀어 집어들고 그것으로
천 명을 죽이고 삼손이 이스라엘의 사사로 이십 년 동안 지냈더라
(사사기 14:1-15)

현숙한 여인

이에 보아스가 룻을 맞이하여 아내로 삼고 그가 아들을 낳은지라
여인들이 나오미에게 이르되 찬송할지로다
여호와께서 오늘 네게 기업 무를 자가 없게 하지 아니하셨도다
일곱 아들보다 귀한 네 며느리가 낳은 자로다 하니라
그의 이름을 오벳이라 하였는데 다윗의 아버지인 이새의 아버지였더라
(룻기 4:1-4)

하나님이 사무엘을 부르시다

여호와께서 임하여 서서 전과 같이
"사무엘아" "사무엘아" 부르시는지라
사무엘이 이르되 말씀하옵소서 주의 종이 듣겠나이다 하니
단에서부터 브엘세바까지의 온 이스라엘이 사무엘은
여호와의 선지자로 세우심을 입은 줄을 알았더라 (사무엘상 3:10-21)

이스라엘의 첫 왕, 사울

이르시되 내가 사울을 왕으로 세운 것을 후회하노니
그가 돌이켜서 나를 따르지 아니하며
내 명령을 행하지 아니하였음이니라 하신지라
순종이 제사보다 낫고 듣는 것이 숫양의 기름보다 나으니
이는 거역하는 것은 점치는 죄와 같고 완고한 것은
사신 우상에게 절하는 죄와 같음이라
(사무엘상 15:10-31)

다윗이 골리앗을 이기다

블레셋 사람들의 진영에서 싸움을 돋우는 자가 왔는데
그의 이름은 골리앗이요 키는 여섯 규빗 한 뼘이요
다윗이 이르되 너는 칼과 창과 단창으로 내게 나아 오거니와
나는 만군의 여호와의 이름으로 네게 나아가노라
전쟁은 여호와께 속한 것인즉 그가 너희를 우리 손에 넘기시리라
(사무엘상 17:41-47)

목자와 양

여호와는 나의 목자시니
내게 부족함이 없으리로다
그가 나를 푸른 풀밭에 누이시며
쉴 만한 물 가로 인도하시는도다
내가 사망의 음침한 골짜기로 다닐지라도
해를 두려워하지 않을 것은
주께서 나와 함께 하심이라
(시편 23편)

솔로몬의 재판

그 산 아들의 어머니 되는 여자가 그 아들을 위하여
마음이 불붙는 것 같아서 왕께 아뢰어 청하건대
내 주여 산 아이를 그에게 주시고 아무쪼록 죽이지 마옵소서 하되
왕이 이르되 산 아이를 저 여자에게
주고 결코 죽이지 말라
저가 그의 어머니이니라 하매
(열왕기상 3:16-28)

성전 봉헌식

여호와의 말씀이 솔로몬에게 임하여 이르시되
네가 지금 이 성전을 건축하니 네가 만일 내 법도를 따르며
내 율례를 행하며 내 모든 계명을 지켜 그대로 행하면
내가 네 아버지 다윗에게 한 말을 네게 확실히 이룰 것이요
또한 이스라엘 자손 가운데에 거하며
내 백성 이스라엘을 버리지 아니하리라 하셨더라 (열왕기상 6:9-13)

에스겔의 환상

여호와께서 권능으로 임재하시고
나를 데리고 가서 골짜기 가운데 두셨는데 거기 뼈가 가득하더라
이르시되 인자야 이 뼈들이 능히 살 수 있겠느냐 하시기로
내가 대답하되 주께서 아시나이다
주 여호와께서 이 뼈들에게 말씀하시기를
내가 생기를 너희에게 들어가게 하리니 너희가 살아나리라
(에스겔 37:1-6)

요나와 물고기

요나가 물고기 뱃속에서 그의 하나님 여호와께 기도하여 이르되
고난으로 말미암아 여호와께 불러 아뢰었더니
주께서 내게 대답하셨고 내가 스올의 뱃속에서 부르짖었더니
주께서 내 음성을 들으셨나이다
여호와께서 그 물고기에게 말씀하시매 요나를 육지에 토하니라
(요나 2:1-2)

예수 그리스도의 나심

예수 그리스도의 나심은 이러하니라 그의 어머니 마리아가
성령으로 잉태된 것이 나타났더니 주의 사자가 현몽하여 이르되
다윗의 자손 요셉아 그에게 잉태된 자는 성령으로 된 것이라
아들을 낳으리니 이름을 예수라 하라 이는 그가 자기 백성을
그들의 죄에서 구원할 자이심이라 하니라
(마태복음 1:18-25)

동방 박사들의 경배

동방으로부터 박사들이 예루살렘에 이르러 말하되
유대인의 왕으로 나신 이가 어디 계시냐 우리가 동방에서
그의 별을 보고 그에게 경배하러 왔노라 하니
집에 들어가 엎드려 아기께 경배하고 보배합을 열어
황금과 유향과 몰약을 예물로 드리니라
(마태복음 2:1-12)

애굽으로 피하다

주의 사자가 요셉에게 현몽하여 이르되
헤롯이 아기를 찾아 죽이려 하니 일어나 아기와 그의 어머니를 데리고
애굽으로 피하여 내가 네게 이르기까지 거기 있으라 하시니
요셉이 일어나서 밤에 아기와 그의 어머니를 데리고 애굽으로 떠나가
헤롯이 죽기까지 거기 있었으니 (마태복음 2:13-18)

세례 요한이 천국을 전파하다

세례 요한이 이르러 유대 광야에서 전파하여 말하되
회개하라 천국이 가까이 왔느니라
나는 너희로 회개하게 하기 위하여
물로 세례를 베풀거니와
내 뒤에 오시는 이는
나보다 능력이 많으시니
나는 그의 신을 들기도
감당하지 못하겠노라
(마태복음 3:1-12)

세례를 받으시다

갈릴리로부터 요단강에 이르러 요한에게 세례를 받으려 하시니
요한이 말려 이르되

예수께서 이르시되 우리가 이와 같이 하여
모든 의를 이루는 것이 합당하니라 하시니
세례를 받으시고 곧 물에서 올라오실새
하늘이 열리고 하나님의 성령이 비둘기 같이 내려
자기 위에 임하심을 보시더니
(마태복음 3:13-17)

사탄의 시험

성령에게 이끌리어 마귀에게 시험을 받으러 광야로 가사
시험하는 자가 예수께 나아와서 이르되
이 돌들로 떡덩이가 되게 하라 뛰어내리라
만일 내게 엎드려 경배하면 이 모든 것을 네게 주리라
이에 예수께서 말씀하시되
사탄아 물러가라 기록되었으되
주 너의 하나님께 경배하고
다만 그를 섬기라 하였느니라
(마태복음 4:1-11)

어부들을 부르심

갈릴리 해변에 다니시다가 베드로라 하는 시몬과
그의 형제 안드레가 바다에 그물 던지는 것을 보시니
더 가시다가 야고보와 그의 형제 요한이 그의 아버지 세베대와
함께 배에서 그물 깁는 것을 보시고 부르시니
그들이 곧 배와 아버지를 버려 두고 예수를 따르니라
(마태복음 4:18-22)

복이 있는 사람

이르시되 심령이 가난한 자는 복이 있나니 천국이 그들의 것임이요
온유한 자는 복이 있나니 그들이 땅을 기업으로 받을 것임이요
의를 위하여 박해를 받은 자는 복이 있나니 천국이 그들의 것임이라
기뻐하고 즐거워하라 하늘에서 너희의 상이 큼이라 (마태복음 5:1-12)

율법의 일점 일획도

내가 율법이나 선지자를 폐하러 온 줄로 생각하지 말라
폐하러 온 것이 아니요 완전하게 하려 함이라
천지가 없어지기 전에는 율법의 일점 일획도
결코 없어지지 아니하고 다 이루리라
내가 너희에게 이르노니 너희 의가 서기관과 바리새인보다
더 낫지 못하면 결코 천국에 들어가지 못하리라 (마태복음 5:17-20)

가나안 혼인잔치

갈릴리 가나에 혼례가 있어 포도주가 떨어진지라
예수께서 그들에게 이르시되 항아리에 물을 채우라 하신즉
아귀까지 채우니 이제는 떠서 연회장에게 갖다 주라 하시매
갖다 주었더니 연회장은 물로 된 포도주를 맛보고도
어디서 났는지 알지 못하되 물 떠온 하인들은 알더라
(요한복음 2:1-12)

중풍병자를 고치심

사람들이 예수 계신 곳의 지붕을 뜯어 구멍을 내고
중풍병자의 누운 상을 달아내리니 예수께서 저희의 믿음을 보시고
이르시되 소자야 네 죄 사함을 받았느니라
내가 네게 이르노니 일어나 네 상을 가지고 집으로 가라 하시니
그가 일어나 곧 상을 가지고 모든 사람 앞에서 나가거늘
(마가복음 2:1-12)

나병환자를 깨끗하게 하심

한 나병환자가 나아와 절하며 이르되
주여 원하시면 저를 깨끗하게 하실 수 있나이다 하거늘
예수께서 이르시되 내가 원하노니 깨끗함을 받으라 하시니
즉시 그의 나병이 깨끗하여진지라
이르시되 가서 제사장에게 네 몸을
보이고 모세가 명한 예물을 드려
그들에게 입증하라 하시니라
(마태복음 8:2-4)

사마리아 수가 여인과의 대화

사마리아에 있는 수가라 하는 동네에 이르시니
야곱의 우물이 있더라 예수께서 대답하여 이르시되
이 물을 마시는 자마다 다시 목마르려니와 내가 주는 물을
마시는 자는 영원히 목마르지 아니하리니 내가 주는 물은
그 속에서 영생하도록 솟아나는 샘물이 되리라
(요한복음 4:1-42)

오천 명을 먹이시다

빈 들에 가시니 무리가 듣고 여러 고을로부터 걸어서 따라간지라
제자들이 이르되
여기 우리에게 있는 것은 떡 다섯 개와 물고기 두 마리뿐이니이다
가지사 하늘을 우러러 축사하시고 떡을 떼어 주시매 주니
다 배불리 먹고 남은 조각을 열두 바구니에 차게 거두었으며
여자와 어린이 외에 오천 명이나 되었더라 (마태복음 14:13-21)

날 때부터 맹인 된 사람을 고치시다

길을 가실 때에 날 때부터 맹인 된 사람을 보신지라
예수께서 대답하시되 이 사람이나 그 부모의 죄로 인한 것이 아니라
그에게서 하나님이 하시는 일을 나타내고자 하심이라
땅에 침을 뱉어 진흙을 이겨 그의 눈에 바르시고 이르시되
실로암 못에 가서 씻으라 하시니 가서 씻고 밝은 눈으로 왔더라
(요한복음 9:1-12)

물 위로 걸으심

무리를 보내신 후에 저물매 거기 혼자 계시더니 배가 이미 육지에서 수 리나 떠나서 바람이 거스르므로 물결로 말미암아 고난을 당하더라 밤 사경에 예수께서 바다 위로 걸어서 제자들에게 오시니 제자들이 보고 놀라 유령이라 하며 무서워하여 소리 지르거늘 예수께서 즉시 이르시되 안심하라 나니 두려워하지 말라 (마태복음 14:22-33)

회당장 야이로의 딸

회당장인 야이로라 하는 사람에게
열두 살 된 외딸이 있어 죽어감이러라
예수께서 들으시고 이르시되 두려워하지 말고 믿기만 하라
그리하면 딸이 구원을 얻으리라 하시고 그 집에 이르러
아이의 손을 잡고 불러 이르시되 아이야 일어나라 하시니
그 영이 돌아와 아이가 곧 일어나거늘 (누가복음 8:40-56)

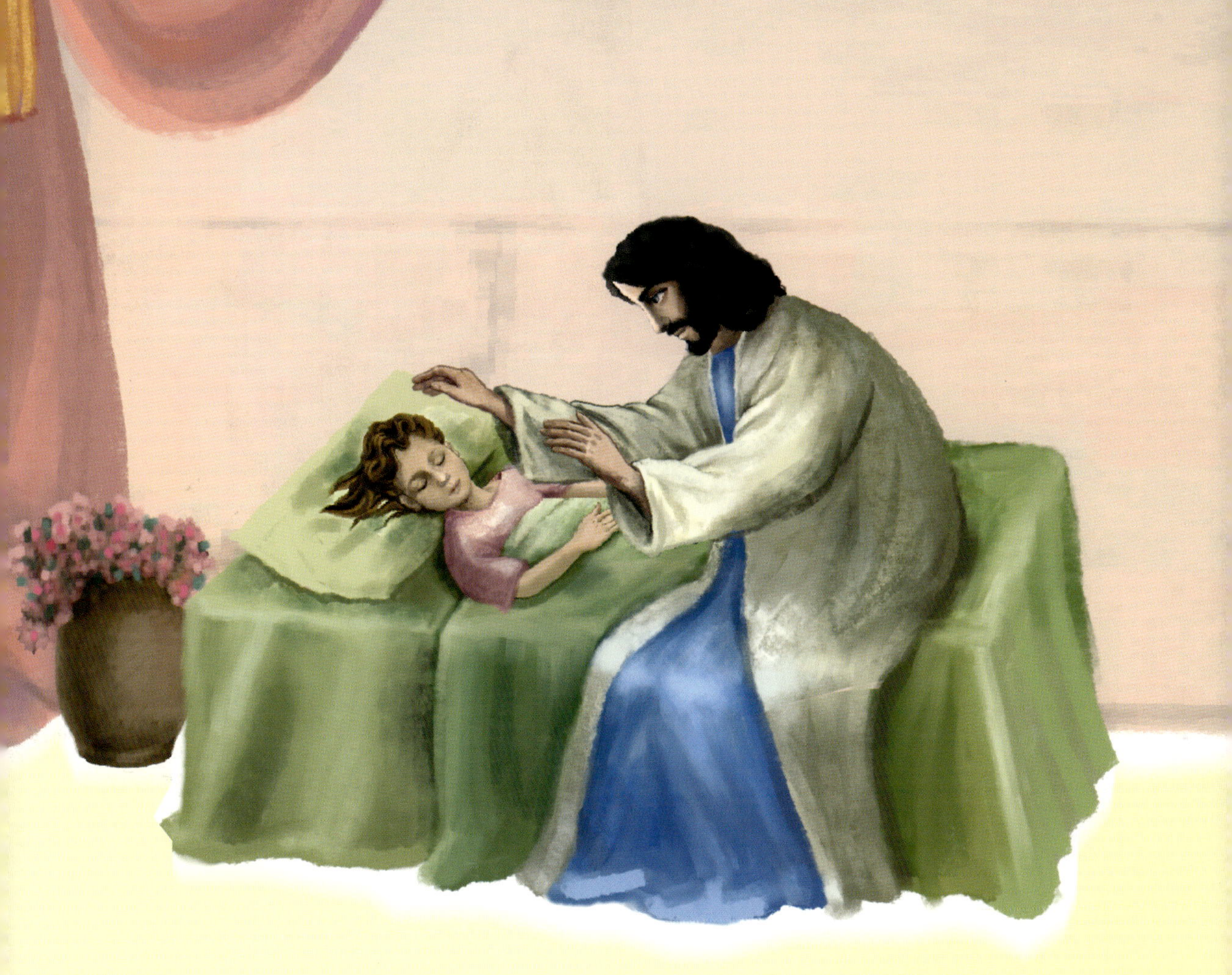

한 관리의 죽은 딸을 살리심

한 관리가 와서 절하며 이르되 내 딸이 방금 죽었사오나 오셔서
그 몸에 손을 얹어 주소서 그러면 살아나겠나이다 하니
예수께서 일어나 따라가시매 이르시되
물러가라 이 소녀가 죽은 것이 아니라 잔다 하시니
예수께서 들어가사 소녀의 손을 잡으시매 일어나는지라
(마태복음 9:18-26)

열두 해 동안 혈루증을 앓던 여인을 고치심

열두 해 동안이나 혈루증으로 앓는 여자가 예수의
뒤로 와서 그 겉옷 가를 만지니 이는 제 마음에
그 겉옷만 만져도 구원을 받겠다 함이라
예수께서 돌이켜 그를 보시며 이르시되 딸아 안심하라
네 믿음이 너를 구원하였다 하시니
여자가 그 즉시 구원을 받으니라 (마태복음 9:20-22)

귀신들을 물리치심

거라사인의 지방에 이르러 더러운 귀신 들린 사람이
무덤 사이에서 나와 예수를 만나니 이르되
우리를 돼지에게로 보내어 들어가게 하소서 하니 허락하신대
더러운 귀신들이 나와서 돼지에게로 들어가매 거의 이천 마리 되는
떼가 바다를 향하여 비탈로 내리달아 바다에서 몰사하거늘
(마가복음 5:1-20)

예수의 머리에 향유를 붓다

매우 귀한 향유 한 옥합을 가지고 나아와서 식사하시는
예수의 머리에 부으니 제자들이 보고 분개하여 이르되
무슨 의도로 이것을 허비하느냐
예수께서 이르시되 이 여자가 내 몸에 이 향유를 부은 것은 내 장례를
위하여 함이니라 온 천하에 어디서든지 이 복음이 전파되는 곳에서는
이 여자가 행한 일도 말하여 그를 기억하리라 (마태복음 26:6-13)

죽은 나사로를 살리심

마리아가 발 앞에 엎드리어 이르되
주께서 여기 계셨더라면 내 오라버니가 죽지
아니하였겠나이다 하더라
큰 소리로 나사로야 나오라 부르시니 죽은 자가
수족을 베로 동인 채로 나오는데 그 얼굴은 수건에 싸였더라
예수께서 이르시되 풀어 놓아 다니게 하라 하시니라
(요한복음 11:1-44)

서기관들과 바리새인들을 꾸짖으시다

이르시되 서기관들과 바리새인들이 모세의 자리에 앉았으니
그러므로 무엇이든지 그들이 말하는 바는 행하고 지키되
그들이 하는 행위는 본받지 말라 그들은 말만 하고 행하지 아니하며
또 무거운 짐을 묶어 사람의 어깨에 지우되 자기는 이것을
한 손가락으로도 움직이려 하지 아니하며 (마태복음 23:1-36)

예루살렘에 들어가심

나귀 새끼를 끌고 와서 자기들의 겉옷을 그 위에 얹으매
예수께서 그 위에 타시니 그들의 겉옷을 길에 펴고 나뭇가지를 베어
길에 펴고 소리 높여 이르되 호산나 다윗의 자손이여 찬송하리로다
주의 이름으로 오시는 이여 가장 높은 곳에서 호산나 하더라
예수께서 예루살렘에 들어가시니라 (마태복음 21:1-11)

최후의 만찬

이르시되 내 때가 가까이 왔으니
내 제자들과 함께 유월절을 네 집에서 지키겠다 하시더라
예수께서 떡을 가지사 축복하시고 떼어 주시며 이르시되
이것은 내 몸이니라 하시고 또 잔을 가지사 감사 기도 하시고 주시며 이르시
이것은 죄 사함을 얻게 하려고 많은 사람을 위하여 흘리는 바
나의 피 곧 언약의 피니라 (마태복음 26:17-30)

겟세마네에서 기도하심

예수께서 제자들과 함께 겟세마네라 하는 곳에 이르러
얼굴을 땅에 대시고 엎드려 기도하여 이르시되
내 아버지여 만일 할 만하시거든 이 잔을 내게서 지나가게 하옵소서
그러나 나의 원대로 마시옵고 아버지의 원대로 하옵소서 하시고
다시 두 번째 나아가 기도하여 이르시되
(마태복음 26:36-46)

유다가 예수를 팔고 입맞춤

예수를 파는 자가 그들에게 군호를 짜 이르되
내가 입맞추는 자가 그이니 그를 잡으라 한지라
그 때에 예수께서 무리에게 말씀하시되
너희가 강도를 잡는 것 같이 칼과 몽치를 가지고
나를 잡으러 나왔느냐 내가 날마다 성전에 앉아 가르쳤으되
너희가 나를 잡지 아니하였도다 (마태복음 26:47-56)

공회 앞에 서시다

대제사장들과 온 공회가 예수를 죽이려고 그를 칠 거짓 증거를 찾으매 거짓 증인이 많이 왔으나 얻지 못하더니
너희 생각은 어떠하냐 대답하여 이르되 그는 사형에 해당하니라 하고 이에 예수의 얼굴에 침 뱉으며 주먹으로 치고 어떤 사람은 손바닥으로 때리며 이르되 (마태복음 26:57-68)

베드로는 예수를 알지 못한다고 함

바깥 뜰에 앉았더니 한 여종이 나아와 이르되 너도 갈릴리 사람
예수와 함께 있었도다 하거늘 베드로가 모든 사람 앞에서 부인하여
저주하며 맹세하여 이르되 나는 그 사람을 알지 못하노라 하니
곧 닭이 울더라 이에 베드로가
닭 울기 전에 네가 세 번 나를 부인하리라 하심이 생각나서
밖에 나가서 심히 통곡하니라 (마태복음 26:69-75)

예수를 빌라도에게 넘기리라

예수께서 총독 앞에 섰으매 총독이 물어 이르되 네가 유대인의 왕이냐 예수께서 대답하시되 네 말이 옳도다 하시고 대제사장들과 장로들에게 고발을 당하되 아무 대답도 아니하시는지라 이에 바라바는 그들에게 놓아 주고 예수는 채찍질하고 십자가에 못 박히게 넘겨 주니라 (마태복음 27:11-26)

십자가에 못 박히시다

제구시쯤에 예수께서 크게 소리 질러 이르시되
엘리 엘리 라마 사박다니 하시니
예수께서 다시 크게 소리 지르시고
영혼이 떠나시니라
이에 성소 휘장이
위로부터 아래까지
찢어져 둘이 되고
땅이 진동하며
바위가 터지고
무덤들이 열리며
자던 성도의 몸이
많이 일어나되
(마태복음 27:45-56)

부활하심

안식 후 첫날이 되려는 새벽에 막달라 마리아와 다른 마리아가 무덤을 보려고 갔더니 큰 지진이 나며 주의 천사가 하늘로부터 내려와 돌을 굴려 내고 그 위에 앉았는데
무서움과 큰 기쁨으로 빨리 무덤을 떠나 제자들에게 알리려고 달음질할새 예수께서 이르시되 무서워하지 말라 가서 내 형제들에게 갈릴리로 가라 하라 거기서 나를 보리라 하시니라
(마태복음 28:1-10)

빈 무덤을 보고 있는 제자들

안식 후 첫날 일찍이 아직 어두울 때에 막달라 마리아가
무덤에 와서 돌이 무덤에서 옮겨진 것을 보고
말하되 사람들이 주님을 무덤에서 가져다가 어디 두었는지
우리가 알지 못하겠다 하니 베드로와 그 다른 제자가
나가서 무덤으로 갈새 (요한복음 20:1-10)

제자들에게 나타나신 예수

안식 후 첫날 저녁 때에 제자들이 유대인들을 두려워하여 모인 곳의
문들을 닫았더니 예수께서 오사 가운데 서서 이르시되 너희에게
평강이 있을지어다 이르시되
성령을 받으라 너희가 누구의 죄든지 사하면 사하여질 것이요
누구의 죄든지 그대로 두면 그대로 있으리라 하시니라
(요한복음 20:19-23)

엠마오로 가는 두 제자에게

둘이 예루살렘에서 이십오 리 되는 엠마오라 하는 마을로 가면서
서로 문의할 때에 예수께서 가까이 이르러 그들과 동행하시나
그들의 눈이 가리어져서 그인 줄 알아보지 못하거늘
이에 모세와 모든 선지자의 글로 시작하여 모든 성경에 쓴 바
자기에 관한 것을 자세히 설명하시니라 (누가복음 24:13-35)

디베랴 호수의 제자들에게

그 후에 예수께서 디베랴 호수에서 또 제자들에게 자기를 나타내셨으니
그 날 밤에 아무 것도 잡지 못하였더니 날이 새어갈 때에
예수께서 이르시되 그물을 배 오른편에 던지라 그리하면 잡으리라 하시니
이에 던졌더니 물고기가 많아 그물을 들 수 없더라
(요한복음 21:1-14)

승천하신 예수

예수께서 그들을 데리고 베다니 앞까지 나가사
손을 들어 그들에게 축복하시더니 축복하실 때에
그들을 떠나 하늘로 올려지시니 그들이 그에게 경배하고
큰 기쁨으로 예루살렘에 돌아가 늘 성전에서
하나님을 찬송하니라 (누가복음 24:50-53)

성령이 임하시면

이르시되 때와 시기는 아버지께서 자기의 권한에 두셨으니
너희가 알 바 아니요 오직 성령이 너희에게 임하시면
너희가 권능을 받고 예루살렘과 온 유대와 사마리아와
땅 끝까지 이르러 내 증인이 되리라 하시니라

오순절 날이 이미 이르매 그들이 다같이 한 곳에 모였더니
홀연히 하늘로부터 급하고 강한 바람 같은 소리가 있어
온 집에 가득하며 마치 불의 혀처럼 갈라지는 것들이
각 사람 위에 하나씩 임하여 있더니
그들이 다 성령의 충만함을 받고 성령이 말하게 하심을 따라
다른 언어들로 말하기를 시작하니라

(사도행전 1:7-8, 2:1-4)

베드로의 설교

하나님이 말씀하시기를
말세에 내가 내 영을 모든 육체에 부어 주리니
너희의 자녀들은 예언할 것이요
너희의 젊은이들은 환상을 보고
너희의 늙은이들은 꿈을 꾸리라
누구든지 주의 이름을 부르는 자는
구원을 받으리라 (사도행전 2:14-47)

베드로와 요한의 기도

베드로가 요한과 더불어 주목하여 이르되 우리를 보라 하니
그가 바라보거늘 베드로가 이르되 은과 금은 내게 없거니와
내게 있는 이것을 네게 주노니 나사렛 예수 그리스도의 이름으로
일어나 걸으라 하고 오른손을 잡아 일으키니 발과 발목이
곧 힘을 얻고 뛰어 서서 걸으며 하나님을 찬송하니 (사도행전 3:1-10)

베드로가 솔로몬 행각에서 설교

나은 사람이 베드로와 요한을 붙잡으니 모든 백성이
크게 놀라며 달려 나아가 솔로몬의 행각이라 불리우는 행각에
모이거늘 베드로가 이것을 보고 백성에게 말하되 너희가 거룩하고
의로운 이를 거부하고 도리어 살인한 사람을 놓아 주기를 구하여
생명의 주를 죽였도다 (사도행전 3:11-26)

스데반이 순교하다

그들이 이 말을 듣고 마음에 찔려 그를 향하여 이를 갈거늘
스데반이 성령 충만하여 하늘을 우러러 주목하여 하나님의
영광과 및 예수께서 하나님 우편에 서신 것을 보고 말하되
그들이 돌로 스데반을 치니
이 죄를 그들에게 돌리지 마옵소서 이 말을 하고 자니라
(사도행전 7:54-60)

지붕에 올라가 기도

그가 시장하여 먹고자 하매 사람들이 준비할 때에 황홀한 중에
하늘이 열리며 한 그릇이 내려오는 것을 보니 큰 보자기 같고
네 귀를 매어 땅에 드리웠더라
또 두 번째 소리가 있으되 하나님께서 깨끗하게 하신 것을 네가
속되다 하지 말라 하더라 (사도행전 10:9-23)

바울과 실라가 옥에서

자기 수익의 소망이 끊어진 것을 보고 바울과 실라를 붙잡아
장터로 관리들에게 끌어 갔다가 많이 친 후에 옥에 가두고
간수에게 명하여 든든히 지키라 하니
한밤중에 바울과 실라가 기도하고 하나님을 찬송하매
죄수들이 듣더라 (사도행전 16:16-25)

악한자의 결말

짐승이 잡히고
그 앞에서 표적을 행하던
거짓 선지자도 함께 잡혔으니
이는 짐승의 표를 받고
그의 우상에게
경배하던 자들을
표적으로 미혹하던 자라
이 둘이 산 채로 유황불
붙는 못에 던져지고
(요한계시록 19:20)

이기는 자, 천국

이기는 그에게는 내가 하나님의 낙원에 있는
생명나무의 열매를 주어 먹게 하리라 (요한계시록 2:7)

이기는 자는 내 하나님 성전에 기둥이 되게 하리니
그가 결코 다시 나가지 아니하리라 (요한계시록 3:12)

김완모, 노아 홍수와 지구의 물, [생명수를 찾아서…] (3), 국민일보, 2004년 8월 23일자

김완모, 노아 홍수 중의 큰 깊음의 샘들에 의한 멸절 과정, 2004년도 창조과학 학술대회 논문집, 전남대학교, 2004, pp. 100-129

김완모 외 공저, 자연과학과 기원, ㈔한국창조과학회, 2009, pp. 495

이경호, 노아 홍수의 비밀: 선박공학자가 본 방주 속 과학 이야기, 크리스천투데이, 2018년 7월 15일자

Baumgardner, John. R., Catastrophic Plate Tectonics: The Physics Behind the Genesis Flood, Proc. of 5th Intl. Conf. Creationism, Pittsburgh, PA, U.S.A., 2003, pp. 113-126

Brown, Walt T., In the Beginning: Compelling Evidence for Creation and the Flood, 8th ed., Center for Scientific Creation, Phoenix, AZ, U.S.A., 2008, pp. 456

Snelling, Andrew A., Noah' s Lost World, Answers Magazine, vol. 9, no. 2, Answers in Genesis (AiG), Petersburg, KY, U.S.A., 2014, pp. 80-85

Vardiman, L., Snelling, A. A. & Chaffin, E. F. (eds.), Radioisotopes and the Age of the Earth (RATE) - A Young-Earth Creationist Research Initiative, vol. I , Institute for Creation Research, Dallas, TX, U.S.A., 2000, pp. 675

Vardiman, L., Snelling, A. A. & Chaffin, E. F. (eds.), Radioisotopes and the Age of the Earth (RATE) - Results of a Young-Earth Creationist Research Initiative, vol. II, Institute for Creation Research, Dallas, TX, U.S.A., 2000, pp. 876.

이미지 참조 : http://www.pngtree.com

(注) 핵심 성구 : 본 그림성경 본문에는 대한성서공회에서 발행한 성경전서 개역개정판 (1998년도판)의 핵심 성구만을 명기하였습니다.

(注) 小 제목 [단락 제목] : 원문에는 없으나 독자들이 쉽게 본문을 이해하도록 단락이 시작되는 본문 앞에 小 제목을 명기하였습니다.